Impressum
Verlag: BABADADA GmbH, Nedderfeld 112 , 22529 Hamburg
Geschäftsführer / Verlagsleitung: Harald Hof
Druck: Books on Demand GmbH, In de Tarpen 42, 22848 Norderstedt

Imprint
Publisher: BABADADA GmbH, Nedderfeld 112 , 22529 Hamburg, Germany
Managing Director / Publishing direction: Harald Hof
Print: Books on Demand GmbH, In de Tarpen 42, 22848 Norderstedt, Germany

школа

դպրոց

классная комната
մատյան
делить
բաժանել
186/2
школьный двор
խաղադաշտ
доска
գրատախտա
կ
учитель
ուսուցիչ
бумага
թուղթ
писать
գրել
ручка
գրիչ
письменный стол
գրասեղան
линейка
քանոն
книга
գիրք
ученик
աշակերտ

ранец

պայուսակ

пенал

գրչատուփ

карандаш

մատիտ

точилка

մատիտի սրիչ

ластик

ռետին

альбом для рисования

նկարչական ալբոմ

рисунок

նկարչություն

кисточка

վրձին

коробка красок

ներկերի տուփ

ножницы

մկրատ

клей

սոսինձ

тетрадь

տետր

домашняя работа

Տնային աշխատանք

цифра

թիվ

прибавлять

գումարել

вычитать

հանել

умножать

բազմապատկել

считать

հաշվել

буква

տառ

алфавит

այբուբեն

слово

բառ

текст

տեքստ

читать

կարդալ

мел

կավիճ

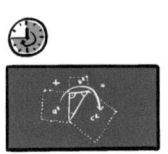

урок

դաս

классный журнал

մատյան

экзамен

քննություն

диплом

վկայական

школьная форма

դպրոցական համազգեստ

образование

կրթություն

энциклопедия

հանրագիտարան

университет

համալսարան

микроскоп

մանրադիտակ

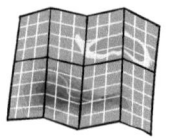

карта

քարտեզ

корзина для бумаг

աղբարկղ

путешествие

ճանապարհորդություն

гостиница
հյուրանոց
турбаза
հանրակացարա
ն
ROOMS
пункт обмена валюты
փոխանակման կետ
CHANGE
чемодан
ճամպրուկ
автомобиль
ավտոմեքենա

язык

լեզու

да / нет

այո / ոչ

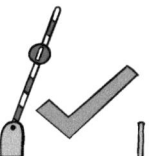

хорошо

Լավ

Привет

ողջույն

переводчик

թարգմանիչ

Спасибо

Շնորհակալություն

Сколько стоит…?

Որքան է ...?

Я не понимаю

Ես չեմ հասկանում

проблема

խնդիր

Добрый вечер!

Բարի երեկո

Доброе утро!

Բարի լույս

Доброй ночи!

Բարի երեկո

До свидания

ցտեսություն

направление

ուղղություն

багаж

ուղղեբեռ

сумка

պայուսակ

рюкзак

մեջքի պայուսակ

гость

հյուր

комната

սենյակ

спальный мешок

քնապարկ

палатка

վրան

туристическая
информация

Զբոսաշրջության
տեղեկատվական

пляж

լողափ

кредитная карточка

ԿՐԵԴԻՏ քարտ

завтрак

նախաճաշ

обед

լանչ

ужин

ճաշ

билет

տոմս

лифт

վերելակ

почтовая марка

կնիք

граница

սահման

таможня

մաքսային

посольство

դեսպանություն

виза

մուտքի արտոնագիր

паспорт

անձնագիր

транспорт

Փոխադրամիջոցներ

самолёт
ինքնաթիռ
корабль
նավ
пожарный автомобиль
հրշեջ մեքենա
автобус
ավտոբուս
грузовик
բեռնատար մեքենա
моторная лодка
մոտորանավակ
велосипед
հեծանիվ
автомобиль
ավտոմեքենա

паром

լաստանավ

лодка

նավակ

мотоцикл

մոտոցիկլ

полицейский автомобиль

ոստիկանության մեքենա

гоночный автомобиль

մրցարշավային մեքենա

арендованный автомобиль

վարձակալվող մեքենա

совместное пользование
автомобилями

մեքենայի վարձակալում

буксировочный
автомобиль

էվակուատոր

мусоровоз

աղբահանության մեքենա

двигатель

շարժիչ

топливо

վառելիք

заправка

բենզալցակայան

дорожный знак

երթևեկության նշան

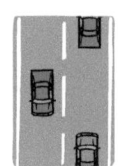

движение

երթևեկություն

пробка

խցանում

автостоянка

ավտոկանգառ

вокзал

երկաթուղային կայարան

рельсы

երկաթուղագիծ

поезд

գնացք

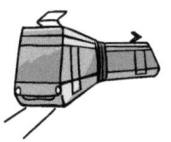

трамвай

տրամվայ

вагон

վագոն

вертолёт

ուղղաթիռ

аэропорт

օդանավակայան

вышка

աշտարակ

пассажир

ուղեւոր

контейнер

աման

коробка

խավաքարտ

тележка

սայլ

корзина

զամբյուղ

взлетать / приземляться

հանեք / հողատարածք

город

քաղաք

деревня

գյուղ

центр города

քաղաքի կենտրոնում

дом

տուն

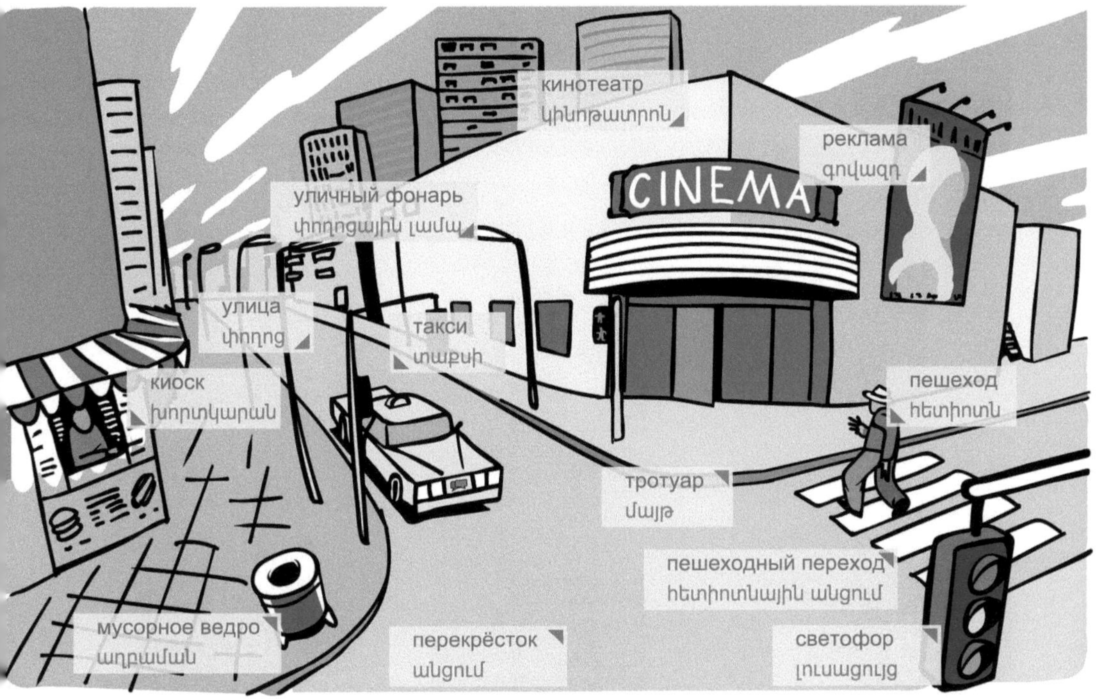

кинотеатр
կինոթատրոն

реклама
գովազդ

уличный фонарь
փողոցային լամպ

улица
փողոց

такси
տաքսի

CINEMA

киоск
խորտկարան

пешеход
հետիոտն

тротуар
մայթ

пешеходный переход
հետիոտնային անցում

мусорное ведро
աղբաման

перекрёсток
անցում

светофор
լուսացույց

хижина

խրճիթ

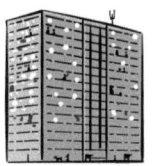

квартира

բնակարան

вокзал

երկաթուղային կայարան

ратуша

քաղաքապետարան

музей

թանգարան

школа

դպրոց

университет

համալսարան

банк

բանկ

больница

հիվանդանոց

гостиница

հյուրանոց

аптека

դեղատուն

офис

գրասենյակ

книжный магазин

գրքույկ խանութ

магазин

խանութ

цветочный магазин

ծաղկի խանութ

супермаркет

սուպերմարկետ

рынок

շուկա

универмаг

հանրախանութ

торговец рыбой

ձկան խանութ

торговый центр

առևտրի կենտրոն

порт

նավահանգիստ

парк

զբոսայգի

скамейка

բանկերը

мост

կամուրջ

лестница

աստիճաններ

метро

մետրո

тоннель

թունել

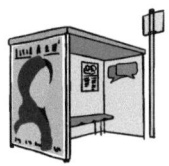

автобусная остановка

ավտոբուսի կանգառ

бар

բար

ресторан

ռեստորան

почтовый ящик

փոստարկղ

табличка с названием улицы

փողոցային նշան

паркометр

ավտոկայանման հաշվիչ

зоопарк

կենդանաբանական այգի

бассейн

լողավազան

мечеть

մզկիթ

ферма

ֆերմա

загрязнение окружающей среды

աղտոտման

кладбище

գերեզմանոց

церковь

եկեղեցի

детская площадка

խաղահրապարակ

храм

տաճար

ландшафт

բնապատկեր

лист
փետղ

дорожный указатель
ուղղության նշան

дорога
ճանապարհ

луг
մարգագետին

камень
քար

путешественник
արշավականներ

дерево
ծառ

река
գետ

трава
խոտ

цветок
ծաղիկ

долина

հովիտ

гора

բլուր

озеро

լիճ

лес

անտառ

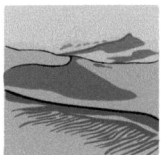

пустыня

անապատ

вулкан

հրաբուխ

замок

ամրոց

радуга

ծիածան

гриб

սունկ

пальма

արմավենու ծառ

комар

մժեղ

муха

թռչել

муравей

մրջյուն

пчела

մեղու

паук

սարդ

жук

բզեզ

лягушка

գորտ

белка

սկյուռ

еж

ոզնի

заяц

նապաստակ

сова

բու

птица

թռչուն

лебедь

կարապ

кабан

վարազ

олень

եղջերու

лось

իշայծյամ

плотина

պատնեշ

ветряной генератор

քամին տուրբինների

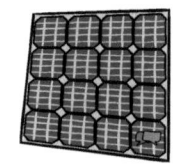

солнечная батарея

արեւային վահանակ

климат

կլիմա

ресторан

ռեստորան

официант
մատուցող
меню
մենյու
стул
աթոռ
суп
ապուր
пицца
պիցցա
скатерть
սփռոց
столовые приборы
սպասք

закуска

ստարտեր

главное блюдо

հիմնական կերակուր

десерт

դեսերտ

напитки

օրական

еда

սնունդ

бутылка

շիշ

фастфуд

արագ սնունդ

уличная еда

streetfood

чайник

թեյնիկ

сахарница

շաքարաման

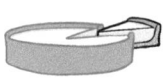

порция

բաժին

кофеварка

էսպրեսսո մեքենա

детский стульчик

մանկական աթոռ

счет

օրինագիծ

поднос

սկուտեղ

нож

դանակ

вилка

պատառաքաղ

ложка

գդալ

чайная ложка

թեյի գդալ

салфетка

անձեռոցիկ

стакан

ապակի

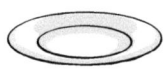

тарелка

ափսե

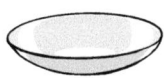

суповая тарелка

խոր ափսե

блюдце

պնակ

соус

սոուս

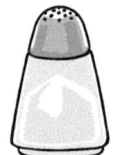

солонка

աղաման

мельница для перца

պղպեղի աղաց

уксус

քացախ

масло

ձեթ

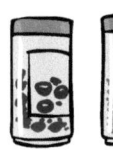

специи

համեմունքներ

кетчуп

կետչուպ

горчица

մանանեխ

майонез

մայոնեզ

супермаркет

սուպերմարկետ

специальное предложение
հատուկ առաջարկ
FOR
покупатель
հաճախորդ
молочные продукты
Dairy
фрукты
միրգ
тележка для покупок
գնումների սայլակ

мясной магазин

մսամթերքի խանութ

пекарня

հացամթերքի խանութ

взвешивать

կշռել

овощи

բանջարեղեն

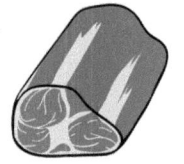

мясо

միս

быстрозамороженные продукты

սառեցված սննդամթերքի

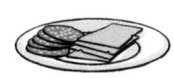

нарезка

երշիկեղեն

консервы

պահածոների

стиральный порошок

լվացքի փոշի

сладости

քաղցրավենիք

предмет домашнего обихода

տնտեսական ապրանքներ

моющее средство

մաքրող միջոցներ

продавщица

վաճառող

касса

դրամարկղ

кассир

գանձապահ

список покупок

գնումների ցուցակ

время работы

ժամերը

бумажник

դրամապանակ

кредитная карточка

ԿՐԵԴԻՏ քարտ

сумка

պայուսակ

полиэтиленовый пакет

պլաստիկ տոպրակ

напитки
օրական

вода

ջուր

сок

հյութ

молоко

կաթ

кока-кола

կոլա

вино

գինի

пиво

գարեջուր

алкоголь

սպիրտ

какао

կակաո

чай

թեյ

кофе

սուրճ

эспрессо

էսպրեսսո

капучино

կապուչինո

еда
սնունդ

банан

բանան

яблоко

խնձոր

апельсин

նարնջի

арбуз

սեխ

лимон

կիտրոն

морковь

գազար

чеснок

սխտոր

бамбук

բամբուկ

лук

սոխ

гриб

սունկ

орехи

ընկուզեղեն

лапша

արիշտա

спагетти

սպագետտի

рис

բրինձ

салат

աղցան

картофель фри

չիպս

жареный картофель

տապակած կարտոֆիլ

пицца

պիցցա

гамбургер

համբուրգեր

сэндвич

սենդվիչ

шницель

կոտլետ

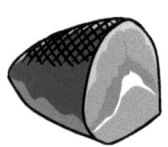

ветчина

խոզապուխտ

салями

սալյամի

колбаса

երշիկ

курица

հավ

жаркое

խորոված

рыба

ձուկ

овсяные хлопья

վարսակի փաթիլներ

мюсли

մյուսլի

кукурузные хлопья

եգիպտացորենի փաթիլներ

мука

ալյուր

круассан

կրուասան

булочка

բուլկի

хлеб

հաց

тост

տոստ

печенье

թխվածքաբլիթներ

масло

կարագ

творог

կաթնաշոռ

пирог

տորթ

яйцо

ձու

яичница

տապակած ձու

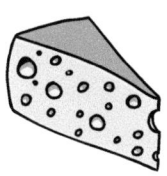

сыр

պանիր

мороженое

պաղպաղակ

сахар

շաքար

мёд

մեղր

мармелад

ջեմ

крем с нугой

նուգա սերուցք

карри

կարրի

ферма
ֆերմա

крестьянский дом
ֆերմային տնակ
тюк из соломы
ծղոտի դեզ
сарай
գոմ
поле
դաշտ
лошадь
ձի
прицеп
կցասայլ
трактор
տրակտոր
жеребёнок
քուռակ
осёл
ավանակ
овца
ոչխար
ягнёнок
գառ

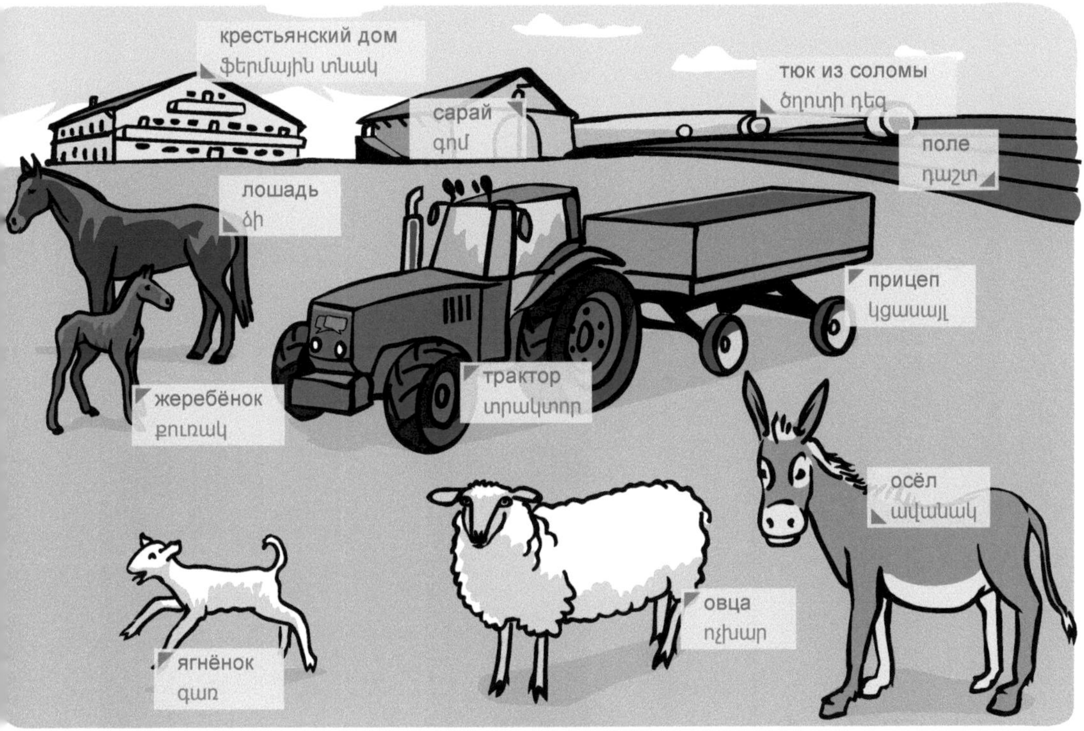

коза

այծ

корова

կով

телёнок

հորթ

свинья

խոզ

поросёнок

խոճկոր

бык

ցուլ

гусь

սագ

утка

բադ

цыплёнок

ճուտ

курица

հավ

петух

աքլոր

крыса

առնետ

кошка

կատու

мышь

մուկ

вол

ցուլ

собака

շուն

конура

շան բուն

садовый шланг

այգու փողրակ

лейка

watering կարող է

коса

գերանդի

плуг

գութան

серп

մանգաղ

мотыга

թոխր

навозные вилы

եղան

топор

կացին

тачка

միանիվ ձեռնասայլակ

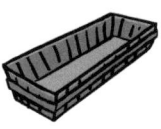

корыто

կերակրատաշտ

бидон для молока

կաթի բիդոն

мешок

պարկ

забор

ցանկապատ

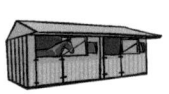

хлев

կայուն

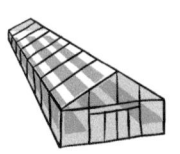

теплица

ջերմոց

почва

հող

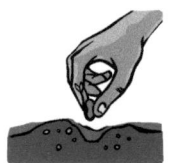

посев

սերմ

удобрение

պարարտանյութ

комбайн

բերքահավաք կոմբայն

собирать урожай

բերք

урожай

բերք

ямс

յամս

пшеница

ցորեն

соя

սոյա

картофель

կարտոֆիլ

кукуруза

եգիպտացորեն

рапс

rapeseed

фруктовое дерево

մրգային ծառ

маниок

manioc

злаки

շիլաներ

дом

տուն

дымоход
ծխնելույզ
крыша
տանիք
водосточный желоб
ջրհորդան խողովակ
окно
պատուհան
гараж
ավտոտնակ
звонок
դռան զանգ
дверь
դուռ
мусорное ведро
աղբարկղ
почтовый ящик
փոստարկղ
сад
պարտեզ

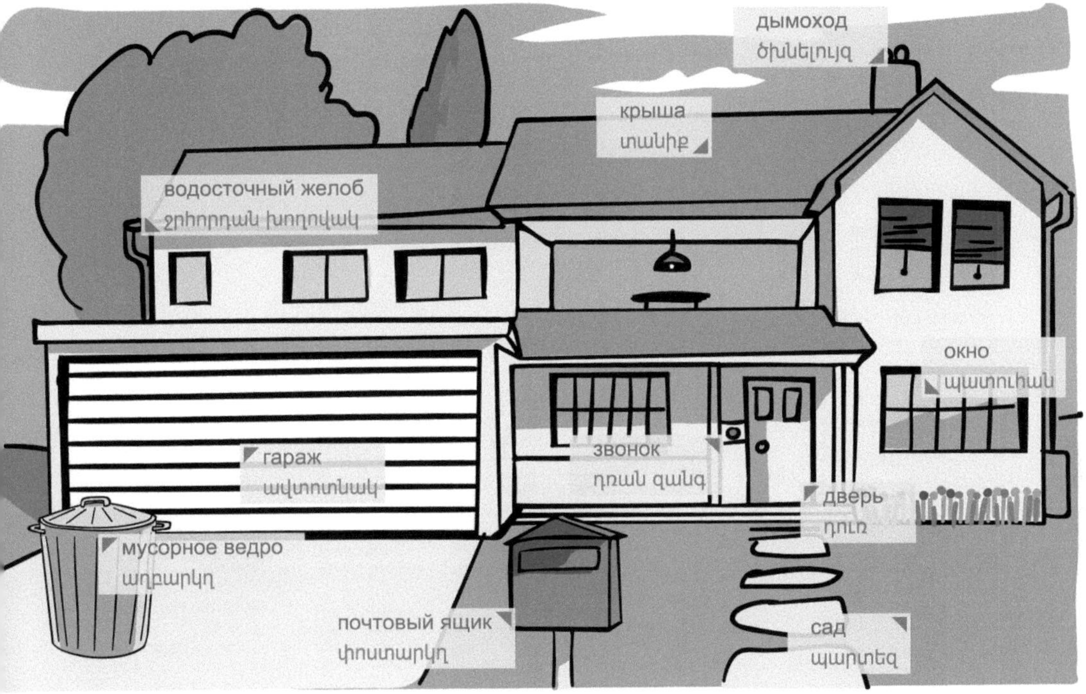

гостиная

հյուրասենյակ

ванная комната

լողասենյակ

кухня

խոհանոց

спальня

ննջարան

детская комната

մանկական սենյակ

столовая

ճաշասենյակ

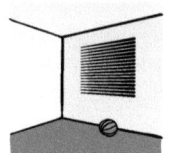

пол

հարկ

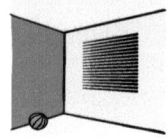

стена

պատ

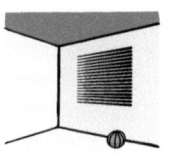

потолок

առաստաղ

подвал

նկուղ

сауна

շոգեբաղնիք

балкон

պատշգամբ

терраса

պատշգամբ

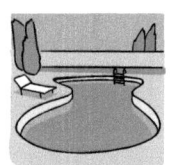

бассейн

ավազան

газонокосилка

խոտհնձիչ

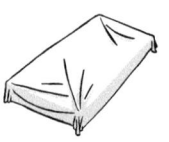

пододеяльник

թերթ

покрывало

անկողնու ծածկոց

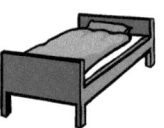

кровать

մահճակալ

метла

ավել

ведро

դույլ

выключатель

անջատիչ

гостиная

հյուրասենյակ

обои
рисунок
նկար
лампа
լամպ
полка
դարակ
шкаф
բուֆետ
телевизор
հեռուստացույց
камин
բուխարի
цветок
ծաղիկ
подушка
բարձ
диван
բազմոց
ваза
սկահակ
пульт дистанционного управления
հեռակառավարման վահանակ

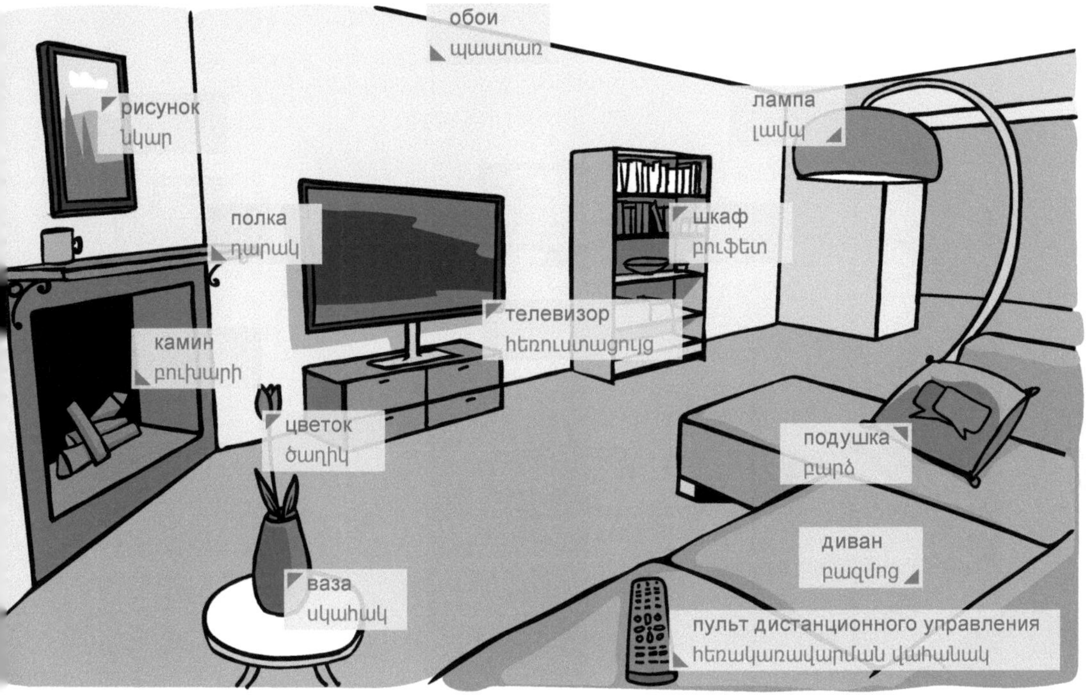

ковёр

գորգ

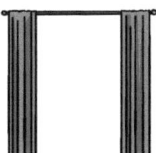

штора

վարագույր

стол

սեղան

стул

աթոռ

кресло-качалка

ճոճվող բազկաթոռ

кресло

բազկաթոռ

книга

գիրք

покрывало

վերմակ

украшение

զարդարանք

дрова

վառելափայտ

фильм

ֆիլմ

стереосистема

hi-fi

ключ

բանալի

газета

թերթ

картина

նկար

плакат

պլակատ

радио

ռադիո

блокнот

տետր

пылесос

փոշեկուլ

кактус

կակտուս

свеча

մոմ

кухня
խոհանոց

холодильник
սառնարանի
микроволновая печь
միկրոալիքային վառարան
кухонные весы
խոհանոցի կշեռք
тостер
տոստեր
моющее средство
լվացող հեղուկ
духовка
վառարան
морозилка
սառնարան
мусорное ведро
աղբարկղ
посудомоечная машина
աման լվացող սարք

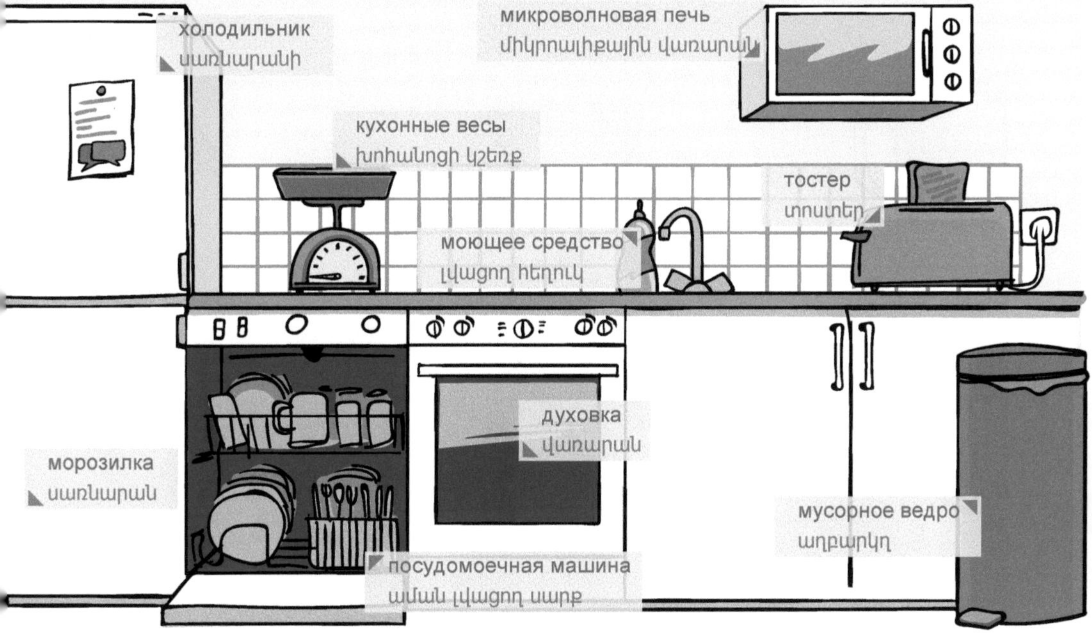

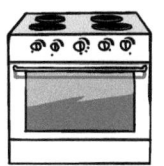

плита

կաթսա

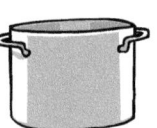

кастрюля

կճուճ

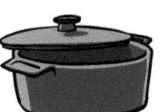

чугунный котелок

թուջե աման

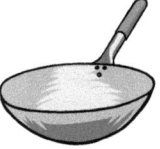

вок / кадай

wok / kadai

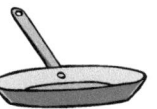

сковорода

թավա

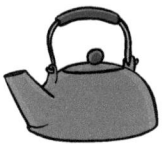

чайник

թեյնիկ

пароварка

շոգենավ

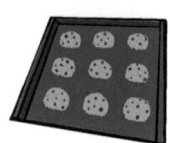

противень

ջեռոցի սկուտեղ

посуда

ամանեղեն

кружка

բաժակ

миска

խորը աման

палочки для еды

փայտիկներ

половник

շերեփ

лопатка

խոհանոցային բահիկ

сбивалка

հարել

сито

քամիչ

сито

մաղ

тёрка

քերիչ

ступка

հավանգ

гриль

խորոված

костёр

բաց կրակի

доска

տախտակ

скалка

գրտնակ

штопор

խցանահան

жестяная банка

բանկա

консервный нож

բացիչ

прихватка

խոհանոցային բռնիչ

раковина

լվացարան

щетка

խոզանակ

губка

սպունգ

миксер

բլենդեր

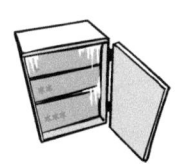

морозильная камера

սառնարան

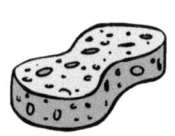

бутылочка для кормления

մանկական շիշ

кран

թակել

ванная комната

լողասենյակ

отопление
ջեռուցում
полотенце
սրբիչ
душ
ցնցուղ
душевая занавеска
լոգարանի վարագույր
пенистая ванна
փրփուրով վաննա
ванна
լոգարան
стакан
ապակի
стиральная машина
լվացքի մեքենա
кран
թակել
плитка
սալիկներ
горшок
մանր
раковина
լվացարան

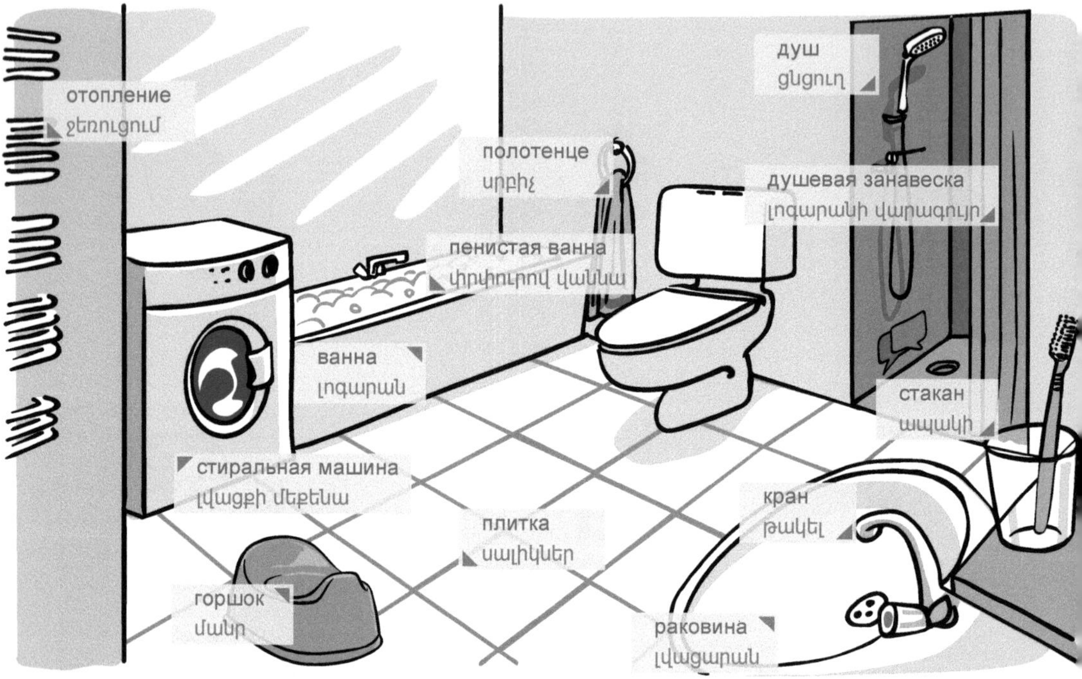

туалет

զուգարան

напольный унитаз

կզելը զուգարան

биде

բիդե

писсуар

pissoir

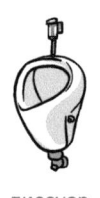

туалетная бумага

զուգարանի թուղթ

ершик

զուգարանի խոզանակ

зубная щетка

ատամի խոզանակ

зубная паста

ատամի քսուք

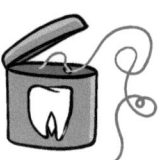

зубная нить

ատամի թել

мыть

լվանալ

ручной душ

ձեռքի ցնցուղ

интимный душ

ցնցուղ

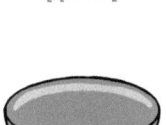

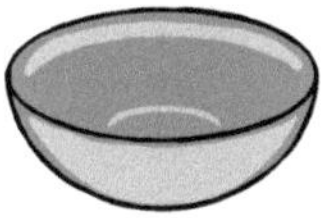

таз

ավազան

щетка для спины

մեջքի խոզանակ

мыло

օճառ

гель для душа

լոգանքի գել

шампунь

շամպուն

мочалка

ճիլոպ

сток

հատականցք

крем

կրեմ

дезодорант

դեզոդորանտ

зеркало

հայելի

ручное зеркало

ձեռքի հայելի

бритва

սափրիչ

пена для бритья

Սափրվելու փրփուր

лосьон после бритья

սափրվելուց հետո քսվող լոսյոն

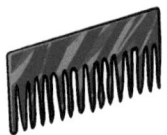

расческа

սանր

щетка

խոզանակ

фен

մազերի չորացուցիչ

лак для волос

մազի լաք

косметика

դիմահարդարում

губная помада

շրթնաներկ

лак для ногтей

եղունգների լաք

вата

բամբակ

маникюрные ножницы

եղունգների մկրատ

духи

օծանելիք

косметичка

դիմահարդարման պայուսակ

табуретка

աթոռակ

весы

կշեռք

халат

լողանալու խալաթ

резиновые перчатки

ռետինե ձեռնոցներ

тампон

տամպոն

гигиеническая прокладка

սանիտարական սրբիչ

биотуалет

քիմիական զուգարան

детская комната
մանկական սենյակ

будильник
զարթուցիչ ժամացույց
мягкая игрушка
փափուկ խաղալիք
игрушечный автомобиль
խաղալիք մեքենա
погремушка
кукольный домик
տիկնիկների տնակ
подарок
ներկա

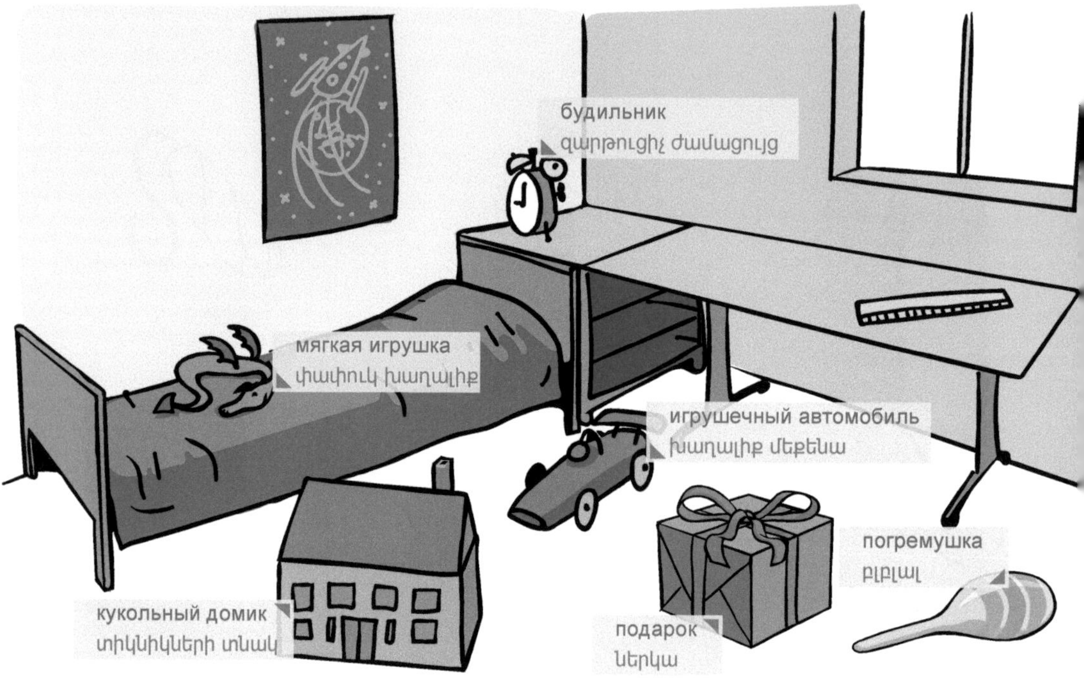

воздушный шар

փուչիկ

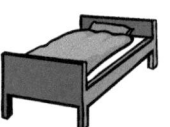

кровать

մահճակալ

детская коляска

մանկական սայլակ

карточная игра

խաղաթղթեր

пазл

խճապատկեր

комикс

կոմիքս

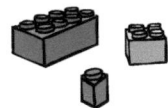

кирпичики Лего

Լեգո կուբիկներ

кубики

կառուցողական խաղալիքներ

игрушечная фигурка

ակցիան գործիչ

ползунки

մանկական բոդի

фрисби

Frisbee

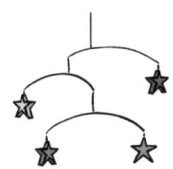

мобиле

շարժական

настольная игра

խաղատախտակ

кубик

զառախաղ

модель железной дороги

գնացքների կազմ

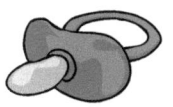

соска

ծծակ

вечеринка

կուսակցություն

книга с картинками

մանկական պատկերազարդ գիրք

мяч

գնդակ

кукла

տիկնիկ

играть

խաղալ

песочница

ավազե խաղահրապարակի

качели

ռիթմ

игрушка

Խաղալիքներ

игровая приставка

վիդեո խաղ մխիթարել

трёхколесный велосипед

եռանիվ հեծանիվ

плюшевый медвежонок

խաղալիք արջուկ

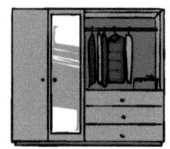

шкаф для одежды

պահարան

одежда
հագուստ

носки

կիսագուլպա

чулки

գուլպա

колготки

զուգագուլպա

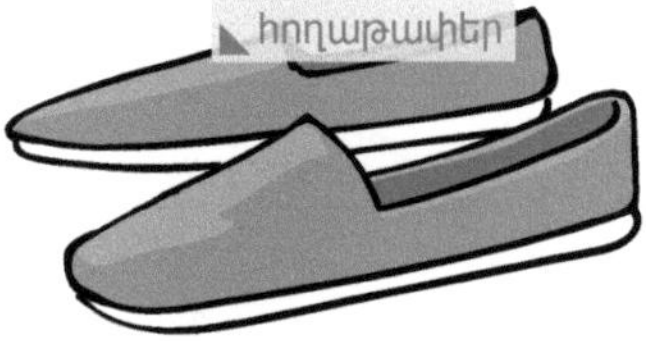

шарф
շարֆ

ремень
գոտի

зонтик
հովանոց

футболка
շապիկ

сапоги
կոշիկ

тапки
հողաթափեր

кроссовки
սպորտային կոշիկներ

сандалии
....
սանդալներ

ботинки
....
կոշիկ

резиновые сапоги
....
ռետինե կոշիկներ

трусы
....
վարտիք

бюстгальтер
....
կրծկալ

майка
....
մայկա

одежда - հագուստ

боди

մարմին

брюки

անդրավարտիք

джинсы

ջինս

юбка

կիսաշրջազգեստ

блузка

բլուզ

рубашка

վերնաշապիկ

свитер

պուլովեր

свитер

սպորտային կուրտկա

спортивная куртка

պիջակ

жакет

կուրտկա

пальто

վերարկու

плащ

անձրևանոց

костюм

կանացի կոստյում

платье

զգեստ

свадебное платье

հարսանյաց զգեստ

одежда - հագուստ

мужской костюм

տղամարդու կոստյում

ночная сорочка

գիշերանոց

пижама

պիժամա

сари

Սարի

платок

գլխաշորն

тюрбан

չալմա

паранджа

չադրա

кафтан

արևելյան խալաթ

абайя

հաստ վերարկու

купальник

կանացի լողազգեստ

плавки

տղամարդու լողազգեստ

шорты

շորտ

спортивный костюм

սպորտային համազգեստ

фартук

գոգնոց

перчатки

ձեռնոցներ

пуговица

կոճակ

очки

ակնոց

браслет

ապարանջան

цепочка

վզնոց

кольцо

մատանի

серьга

ականջօղ

шапка

գլխարկ

вешалка

կախիչ

шляпа

գլխարկ

галстук

փողկապ

застежка молния

շղթա

шлем

սաղավարտ

подтяжки

տաբատակալ

школьная форма

դպրոցական համազգեստ

форма

համազգեստ

детский нагрудник

մանկական գոգնոց

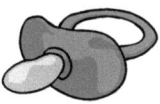

соска

ծծակ

подгузник

մանկական տակդիր

офис

գրասենյակ

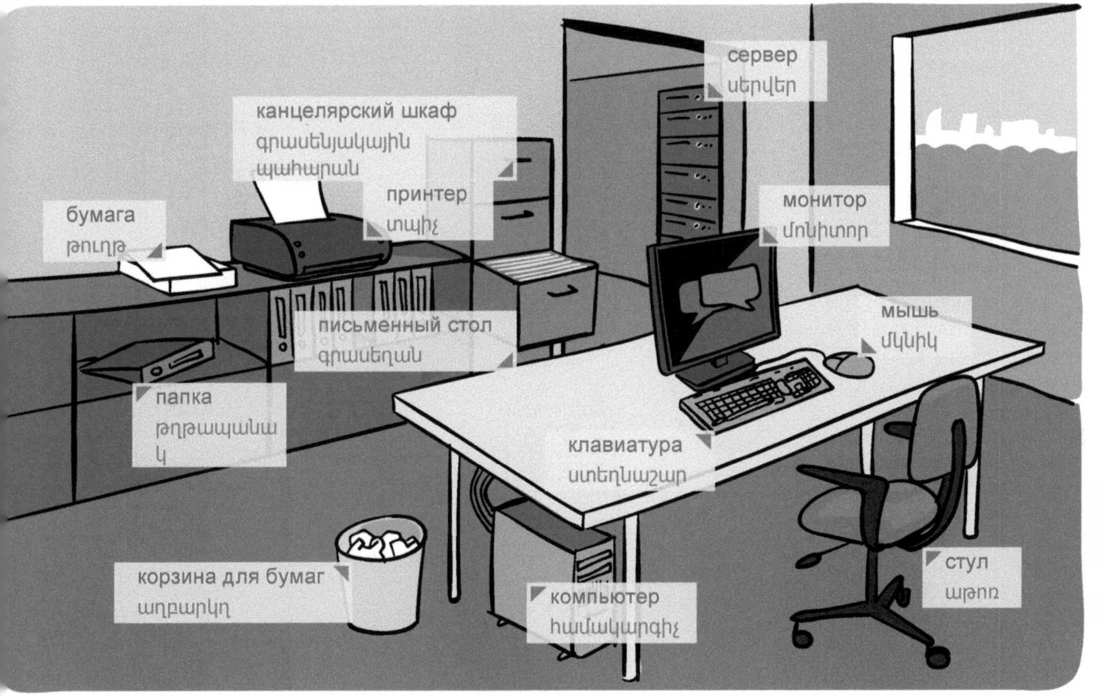

канцелярский шкаф
գրասենյակային
պահարան

принтер
տպիչ

сервер
սերվեր

бумага
թուղթ

монитор
մոնիտոր

письменный стол
գրասեղան

мышь
մկնիկ

папка
թղթապանակ

клавиатура
ստեղնաշար

корзина для бумаг
աղբարկղ

стул
աթոռ

компьютер
համակարգիչ

кофейная кружка

սուրճի գավաթ

калькулятор

հաշվիչ

интернет

ինտերնետ

ноутбук

laptop

письмо

նամակ

сообщение

հաղորդագրություն

мобильный телефон

բջջային հեռախոս

сеть

ցանց

ксерокс

պատճենահանման սարք

программа

ծրագրային ապահովում

телефон

հեռախոս

розетка

վարդակ

факс

ֆաքսի մեքենա

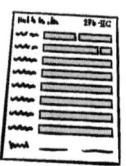

формуляр

տեսակ

документ

փաստաթուղթ

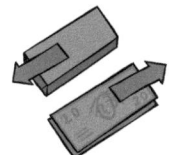

покупать

գնել

платить

վճարել

торговать

առեւտրի

деньги

փող

доллар

դոլար

евро

եվրո

иена

իեն

рубль

ռուբլի

франк

շվեյցարական ֆրանկ

жэньминьби юань

յուան

рупия

ռուպի

банкомат

բանկոմատ

пункт обмена валюты

փոխանակման կետ

золото

ոսկի

серебро

արծաթ

нефть

նավթ

энергия

էներգիա

цена

գին

договор

պայմանագիր

налог

հարկ

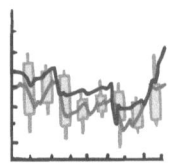

акция

ակցիաներ

работать

աշխատանք

служащий

ծառայող

работодатель

գործատուն

фабрика

գործարան

магазин

խանութ

профессии
մասնագիտություն

милиционер
ոստիկան
пожарный
հրշեջ
повар
խոհարար
врач
բժիշկ
пилот
օդաչու

садовник

այգեպան

столяр

ատաղձագործ

швея

դերձակուհի

судья

դատավոր

химик

քիմիկոս

актёр

դերասան

водитель автобуса

ավտոբուսի վարորդ

таксист

տաքսու վարորդ

рыбак

ձկնորս

уборщица

հավաքարար

кровельщик

տանիքագործ

официант

մատուցող

охотник

որսորդ

художник

նկարիչ

пекарь

հացթուխ

электрик

էլեկտրատեխնիկ

строитель

շինարար

инженер

ինժեներ

мясник

մսագործ

сантехник

ջրմուղագործ

почтальон

փոստարար

солдат

զինվոր

архитектор

ճարտարապետ

кассир

գանձապահ

флорист

ծաղկավաճառ

парикмахер

վարսավիր

кондуктор

տոմսավաճառ

механик

մեխանիկ

капитан

կապիտան

зубной врач

ատամնաբույժ

ученый

գիտնական

раввин

ռաբբի

имам

Իմամ

монах

կուսակրոն

священник

հոգևորական

инструменты
գործիքներ

плоскогубцы
տափակաբերան աքցան
молоток
մուրճ
отвёртка
պտուտակահա
ն
карманный фона
լապտեր
гаечный ключ
դարձակ

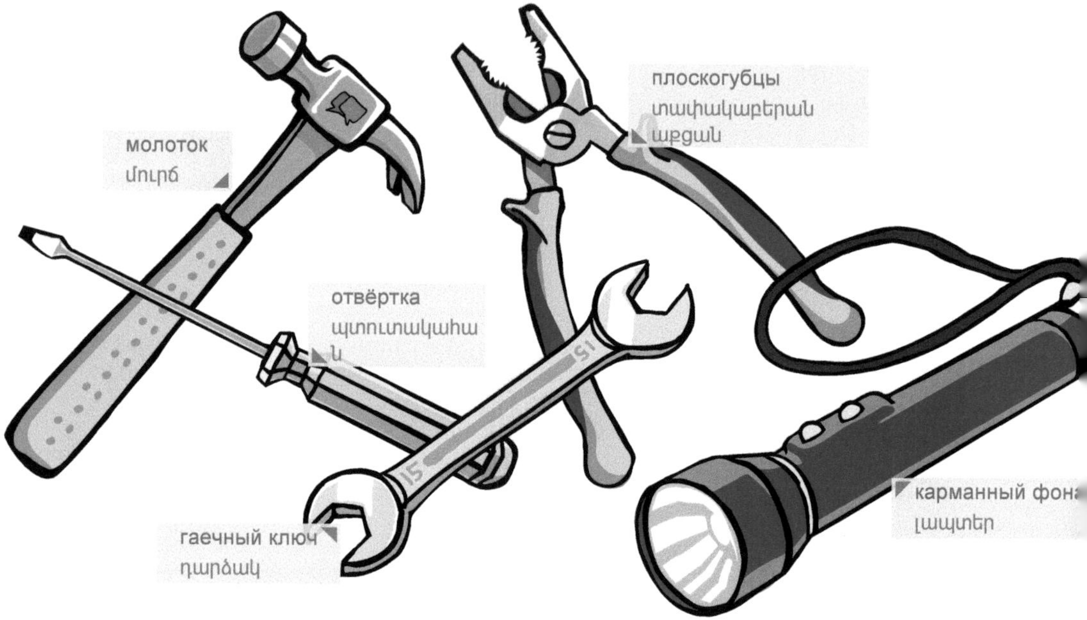

экскаватор

էքսկավատոր

ящик для инструментов

գործիքների տուփ

стремянка

սանդուղք

пила

սղոց

гвозди

մեխեր

дрель

գայլիկոն

ремонтировать

նորոգում

лопата

բահ

Блин!

գրողը տանի

совок

գոգաթիակ

ведро с краской

ներկաման

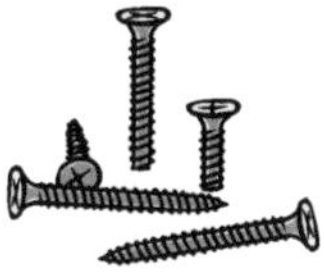

винты

պտուտակներ

музыкальные инструменты

երաժշտական գործիքներ

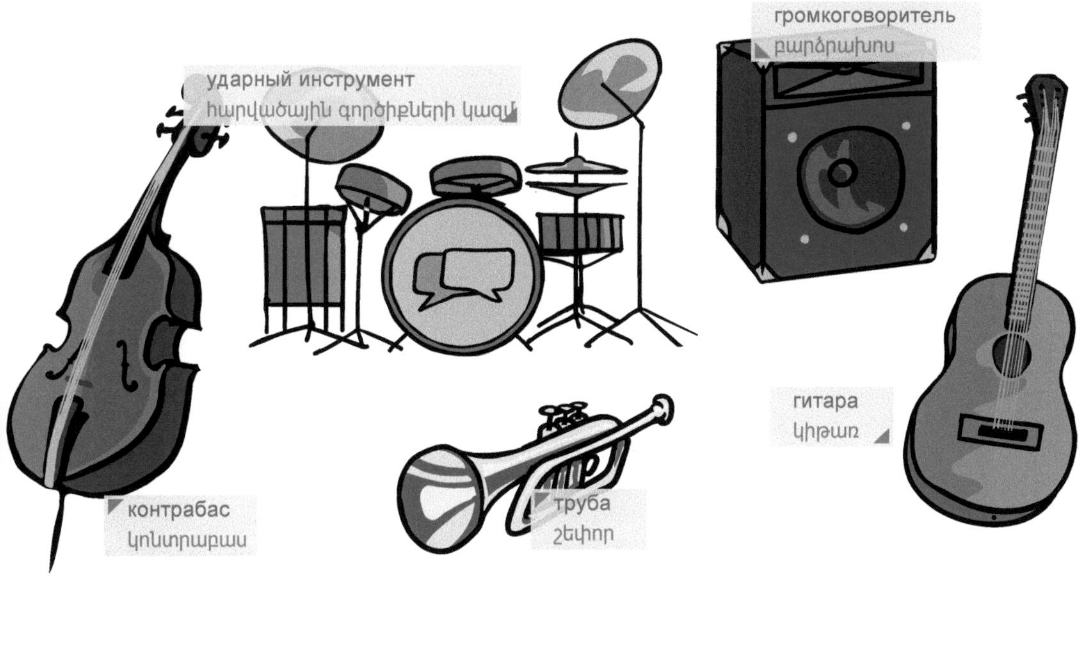

громкоговоритель
բարձրախոս
ударный инструмент
հարվածային գործիքների կազմ
гитара
կիթառ
контрабас
կոնտրաբաս
труба
շեփոր

пианино

դաշնամուր

скрипка

ջութակ

бас-гитара

բաս

литавры

թմբուկներ

барабан

հարվածային գործիքներ

синтезатор

ստեղնաշար

саксофон

սաքսոֆոն

флейта

ֆլեյտա

микрофон

միկրոֆոն

зоопарк

կենդանաբանական այգի

вход
մուտք
тигр
վագր
клетка
վանդակ
зебра
զեբր
корм
կենդանիների կերակուր
панда
պանդա

животные

կենդանիներ

слон

փիղ

кенгуру

կենգուրու

носорог

ռնգեղջյուր

горилла

գորիլա

медведь

գորշ արջ

верблюд

ուղտ

страус

ջայլամ

лев

առյուծ

обезьяна

կապիկ

фламинго

ֆլամինգո

попугай

թութակ

белый медведь

բևեռային արջ

пингвин

պինգվին

акула

շնաձուկ

павлин

սիրամարգ

змея

օձ

крокодил

կոկորդիլոս

служитель зоопарка

կենդանաբանական այգու
աշխատող

тюлень

փոկ

ягуар

յագուար

пони

պոնի

леопард

ընձառյուծ

бегемот

գետաձի

жираф

ընձուղտ

орёл

արծիվ

кабан

վարազ

рыба

ձուկ

черепаха

կրիա

морж

ծովացուլ

лиса

աղվես

газель

վիթ

спорт
սպորտներ

американский футбол
ամերիկյան ֆուտբոլ
езда на велосипеде
հեծանվավազք
теннис
թենիս
баскетбол
բասկետբոլ
плавание
լող
бокс
բռնցքամարտ
хоккей
հոկեյ

футбол
ֆուտբոլ

бадминтон
բադմինտոն

лёгкая атлетика
աթլետիկա

гандбол
ձեռքի գնդակ

лыжный спорт
դահուկային սպորտ

поло
պոլո

прыгать
ցատկել

обнимать
գրկել

смеяться
ծիծաղել

идти
քայլել

петь
երգել

молиться
աղոթել

целовать
համբուրել

мечтать
երազել

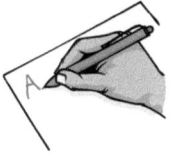

писать

գրել

рисовать

նկարել

показывать

ցույց տալ

нажимать

հրել

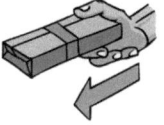

давать

տալ

брать

վերցնել

иметь

ունենալ

делать

դեպի

быть

լինել

стоять

կանգնել

бежать

վազել

тянуть

քաշել

бросать

նետել

падать

ընկնել

лежать

ստել

ждать

սպասել

носить

կրել

сидеть

նստել

надевать

հագնվել

спать

քնել

просыпаться

արթնանալ

рассматривать

նայել

плакать

լացել

гладить

շոյել

причесывать

սանրվել

говорить

խոսել

понимать

հասկանալ

спрашивать

հարցնել

слушать

լսել

пить

խմել

кушать

ուտել

наводить порядок

հարդարվել

любить

սիրել

готовить

խոհարար

ехать

քշել

летать

թռչել

ходить под парусом

լողալ

считать

հաշվել

читать

կարդալ

учиться

սովորել

работать

աշխատանք

вступать в брак

ամուսնանալ

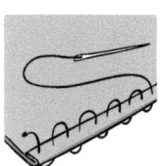

шить

կարել

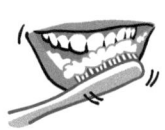

чистить зубы

ատամները լվանալ

убивать

սպանել

курить

ծուխ

отправлять

ուղարկել

бабушка
տատիկ

дедушка
պապիկ

папа
հայր

мама
մայր

младенец
երեխա

дочь
դուստր

сын
որդի

гость

հյուր

тетя

հորաքույր

дядя

հորեղբայր

брат

եղբայր

сестра

քույր

тело

մարմին

лоб
ճակատ
глаз
աչք
плечо
ուս
палец
մատ
лицо
դեմք
подбородок
կզակ
кисть
ձեռք
грудь
կուրծք
нога
ոտք
рука
թև

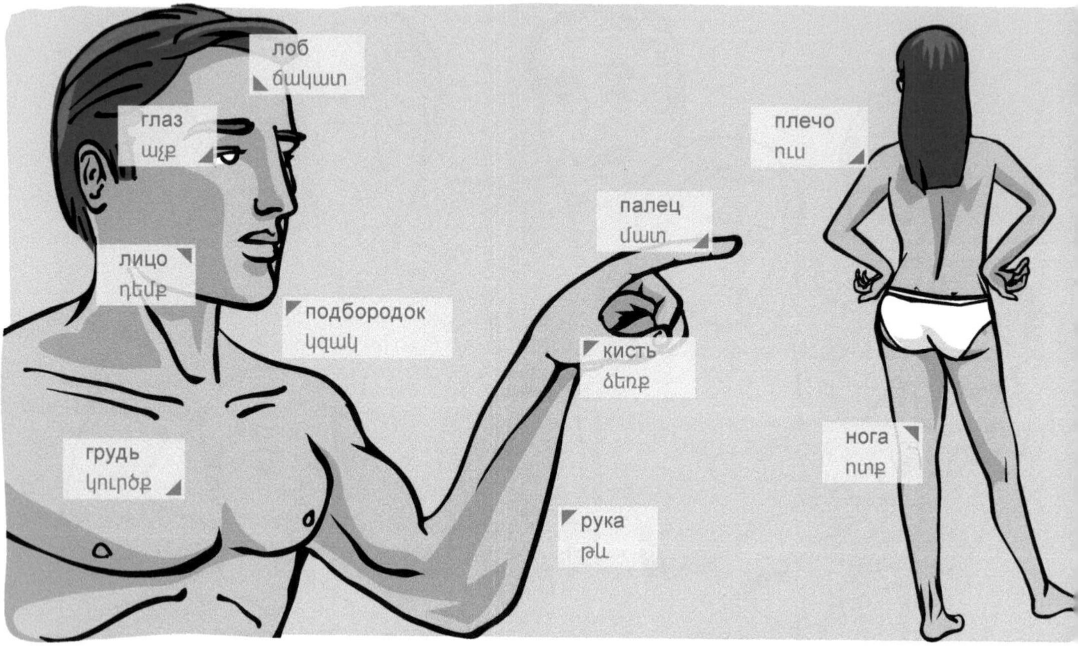

младенец

երեխա

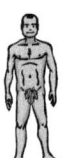

мужчина

մարդ

женщина

կին

девочка

աղջիկ

мальчик

տղա

голова

գլուխ

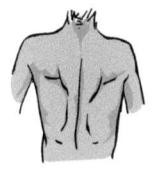

спина

մեջք

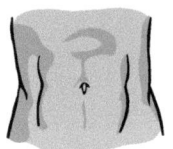

живот

փոր

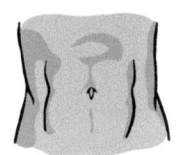

пупок

պորտ

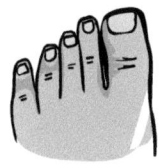

палец ноги

ոտնամատ

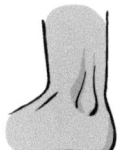

пятка

կրունկ

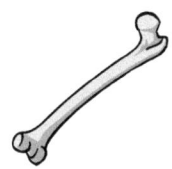

кость

ոսկոր

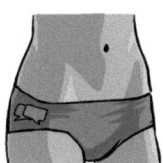

бедро

ազդր

колено

ծունկ

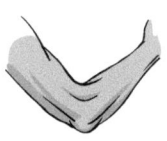

локоть

արմունկ

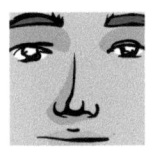

нос

քիթ

ягодицы

հետույք

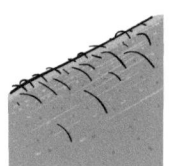

кожа

մաշկ

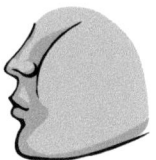

щека

այտ

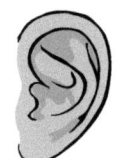

ухо

ականջ

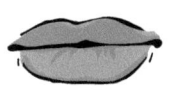

губа

շրթունք

рот

բերան

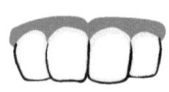

зуб

ատամ

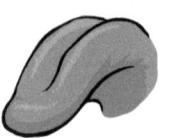

язык

լեզու

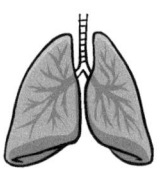

мозг

ուղեղ

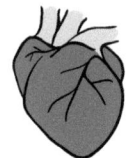

сердце

սիրտ

мышца

մկան

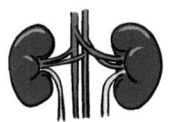

лёгкое

թոք

печень

լյարդ

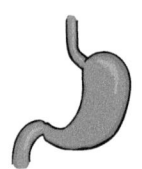

желудок

ստամոքս

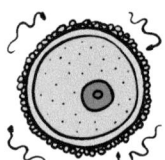

почки

երիկամներ

половой акт

սեքս

презерватив

պահպանակներ

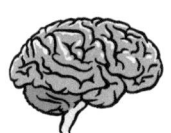

яйцеклетка

ձվաբջիջը

сперма

Սեմյոն

беременность

հղիություն

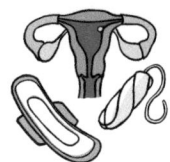

менструация

դաշտան

вагина

հեշտոց

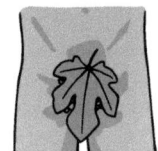

пенис

առնանդամ

бровь

հոնք

волосы

մազ

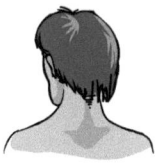

шея

պարանոց

тело - մարմին

больница

հիվանդանոց

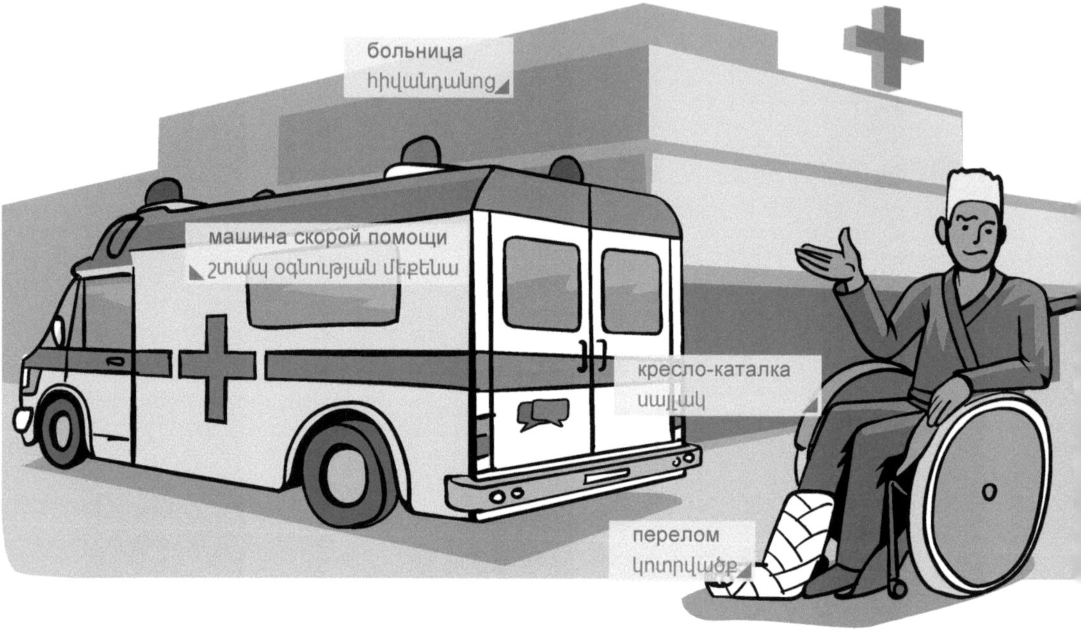

больница
հիվանդանոց
машина скорой помощи
շտապ օգնության մեքենա
кресло-каталка
սայլակ
перелом
կոտրվածք

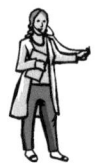

врач

բժիշկ

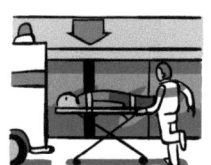

пункт первой помощи

շտապ օգնության սենյակ

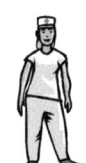

медсестра

բուժքույր

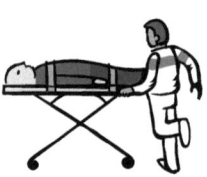

неотложный случай

շտապ օգնություն

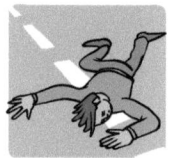

без сознания

անգիտակից

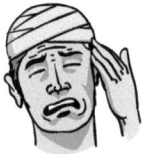

боль

ցավ

повреждение

վնասվածք

кровотечение

արյունահոսություն

инфаркт

սրտի կաթված

инсульт

կաթված

аллергия

ալերգիա

кашель

հազ

повышенная температура

տենդ

грипп

գրիպ

понос

փորլուծություն

головная боль

գլխացավ

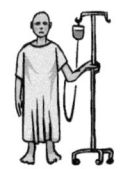

рак

քաղցկեղ

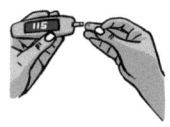

диабет

դիաբետ

хирург

վիրաբույժ

скальпель

վիրադանակ

операция

վիրահատություն

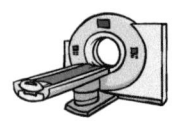

КТ

CT

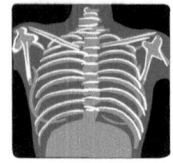

рентген

ռենտգեն

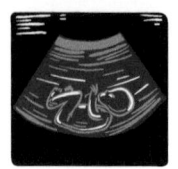

ультразвук

ուլտրաձայնային

маска

դեմքի դիմակ

болезнь

հիվանդություն

приёмная

սպասասրահ

костыль

հենակ

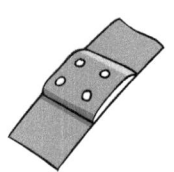

пластырь

սպեղանի

бинт

վիրակապ

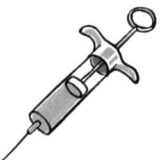

укол

ներարկում

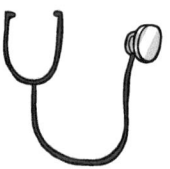

стетоскоп

լսափողակ

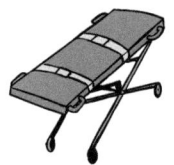

носилки

պատգարակ

термометр

ջերմաչափ

рождение

ծնունդ

избыточный вес

ավելաքաշ

слуховой аппарат

լսելով օգնության

дезинфекционное средство

ախտահանիչ

инфекция

վարակ

вирус

վիրուս

ВИЧ / СПИД

ՄԻԱՎ / ՁԻԱՀ

лекарство

դեղորայք

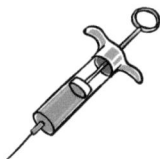

прививка

պատվաստում

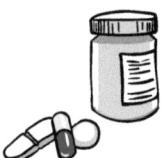

таблетки

հաբեր

противозачаточная таблетка

հաբ

экстренный вызов

ահազանգ

прибор для измерения кровяного давления

արյան ճնշման չափիչ սարք

больной / здоровый

հիվանդ / առողջ

неотложный случай

շտապ օգնություն

Помогите!

Օգնություն!

сигнал тревоги

տագնապի ազդանշան

нападение

հարձակում

атака

հարձակում

опасность

վտանգ

запасной выход

վթարային ելք

Пожар!

Հրդեհ

огнетушитель

կրակմարիչ

несчастный случай

վթար

аптечка

առաջին օգնության դեղարկղ

SOS

SOS

милиция

ոստիկանություն

Европа

Եվրոպա

Северная Америка

Հյուսիսային Ամերիկա

Южная Америка

Հարավային Ամերիկա

Африка

Աֆրիկա

Азия

Ասիա

Австралия

Ավստրալիա

Атлантический океан

Ատլանտյան օվկիանոս

Тихий океан

Խաղաղ օվկիանոս

Индийский океан

Հնդկական օվկիանոս

Антарктический океан

Հարավային Սառուցյալ օվկիանոս

Северный Ледовитый океан

Հյուսիսային Սառուցյալ օվկիանոս

Северный полюс

հյուսիսային բևեռ

Южный полюс

հարավային բևեռ

Антарктика

Անտարկտիդա

земля

երկիր

суша

ցամաք

море

ծով

остров

կղզի

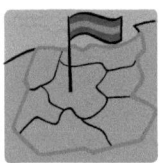

нация

ազգ

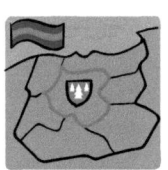

государство

պետական

часы
ժամացույց

циферблат

թվատախտակ

часовая стрелка

ժամի սլաք

минутная стрелка

րոպեի սլաք

секундная стрелка

վայրկյանի սլաք

Который час?

Ժամը քանիսն է?

день

օր

время

այսպիսով

сейчас

այժմ

электронные часы

թվային ժամացույց

минута

րոպե

час

ժամ

неделя

շաբաթ

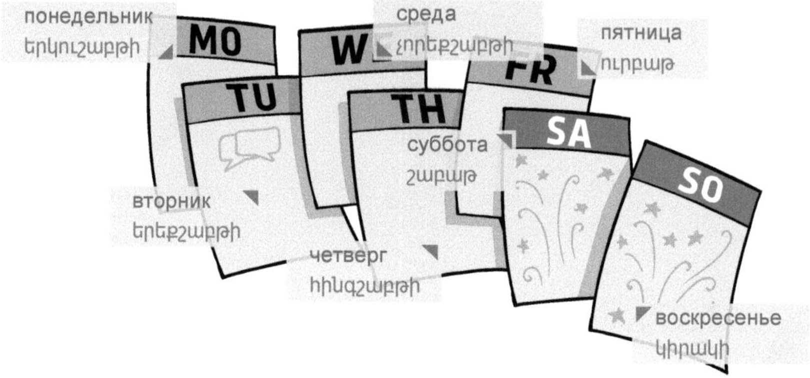

понедельник
երկուշաբթի
MO
среда
չորեքշաբթի
W
пятница
ուրբաթ
FR
TU
TH
суббота
շաբաթ
SA
SO
вторник
երեքշաբթի
четверг
հինգշաբթի
воскресенье
կիրակի

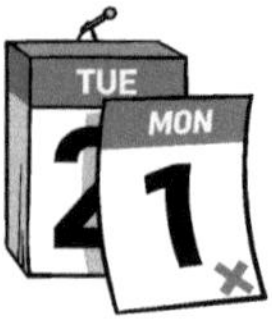

TUE
MON
1

вчера

այսօր

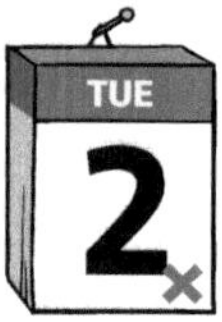

TUE
2

сегодня

այսօր

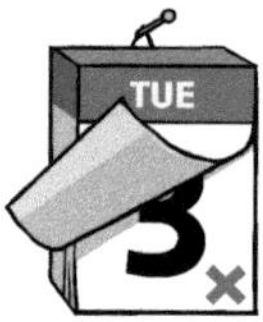

TUE
3

завтра

վաղը

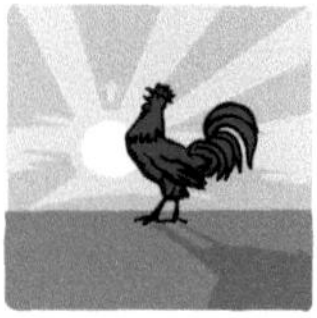

утро

առավոտ

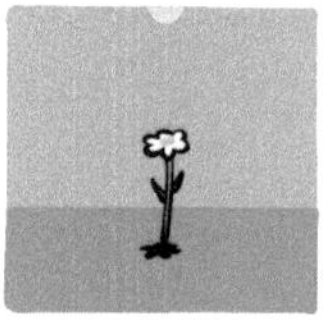

полдень

կեսօր

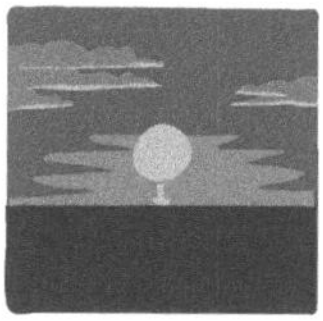

вечер

երեկո

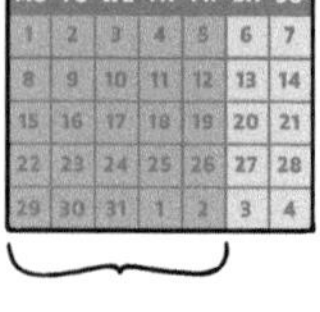

MO TU WE TH FR SA SU
1 2 3 4 5 6 7
8 9 10 11 12 13 14
15 16 17 18 19 20 21
22 23 24 25 26 27 28
29 30 31 1 2 3 4

рабочие дни

աշխատանքային օրեր

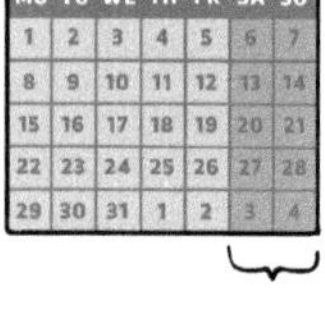

MO TU WE TH FR SA SU
1 2 3 4 5 6 7
8 9 10 11 12 13 14
15 16 17 18 19 20 21
22 23 24 25 26 27 28
29 30 31 1 2 3 4

выходные

շաբաթվա վերջ

дождь
անձրև

радуга
ծիածան

ветер
քամի

снег
ձյուն

весна
գարուն

осень
աշուն

лето
ամառ

зима
ձմեռ

4.APRIL	11°	☀
5.APRIL	4°	☁
6.APRIL	13°	☁
7.APRIL	8°	☀
8.APRIL	10°	☀

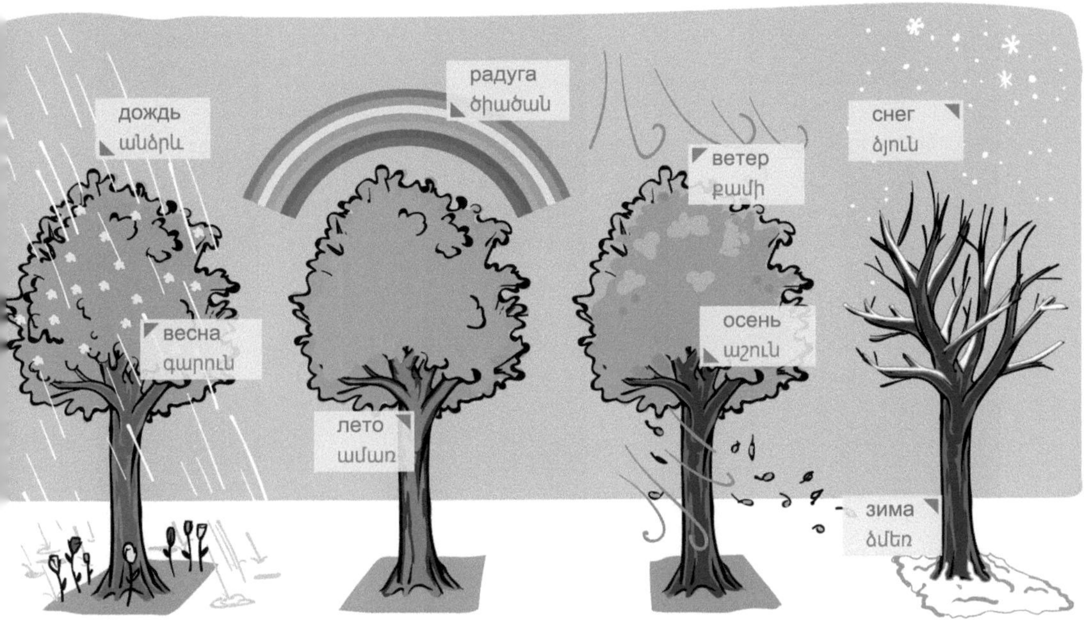

прогноз погоды

եղանակի տեսություն

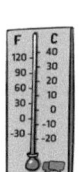

термометр

ջերմաչափ

солнечный свет

արևի լույս

туча

ամպ

туман

մառախուղ

влажность воздуха

խոնավություն

молния

կայծակ

гром

որոտ

буря

փոթորիկ

град

կարկուտ

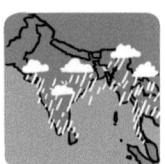

муссон

մուսոն

наводнение

ջրհեղեղ

лёд

սառույց

январь

հունվար

февраль

փետրվար

март

մարտ

апрель

ապրիլ

май

մայիս

июнь

հունիս

июль

հուլիս

август

օգոստոս

год - տարի

сентябрь

սեպտեմբեր

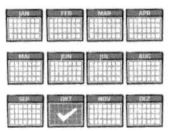

октябрь

հոկտեմբեր

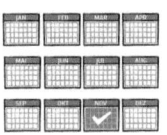

ноябрь

նոյեմբեր

декабрь

դեկտեմբեր

формы

ձևավորում

круг

շրջան

квадрат

քառակուսի

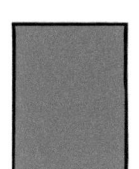

прямоугольник

ուղղանկյունի

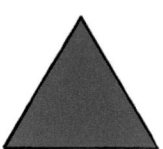

треугольник

եռանկյունի

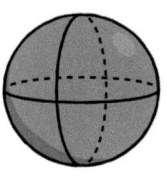

шар

ասպարեզ

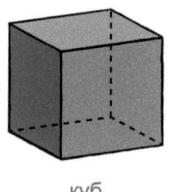

куб

խորանարդ

цвета

գույներ

белый

վարդագույն

желтый

մոխրագույն

оранжевый

դեղին

розовый

մանուշակագույն

красный

կարմիր

лиловый

շագանակագույն

синий

կապույտ

зелёный

սև

коричневый

նարնջագույն

серый

սպիտակ

черный

կանաչ

много / мало

շատ / քիչ

яростный / мирный

բարկացած / հանգիստ

красивый / уродливый

գեղեցիկ / տգեղ

начало / конец

սկսած / վերջը

большой / маленький

մեծ / փոքր

светлый / темный

պայծառ / մութ

брат / сестра

եղբայրը / քույրը

чистый / грязный

մաքուր / կեղտոտ

полный / неполный

ամբողջական / թերի

день / ночь

օր / գիշեր

мёртвый / живой

մեռած / կենդանի

широкий / узкий

լայն / նեղ

съедобный / несъедобный

ուտելի / անուտելի

злой / дружелюбный

չար / բարի

взволнованный / скучающий

հուզված / ձանձրացրել

толстый / худой

հաստ / բարակ

сначала / в конце

առաջին / վերջին

друг / враг

ընկերը / թշնամին

полный / пустой

լիքը / դատարկ

твёрдый / мягкий

կոշտ / փափուկ

тяжёлый / легкий

ծանր / թեթև

голод / жажда

քաղց / ծարավ

больной / здоровый

հիվանդ / առողջ

незаконный / законный

անօրինական է / իրավաբանական

умный / глупый

խելացի / հիմարություն

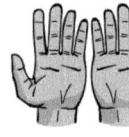

слева / справа

ձախ / աջ

близко / далеко

մոտիկ / հեռու

новый / подержанный

Նոր / օգտագործվում

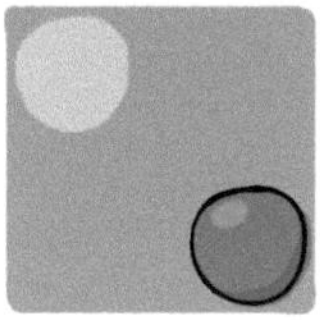

ничто / нечто

ոչինչ / ինչ - որ բան

старый / молодой

ծեր / երիտասարդ

включено / выключено

միացում անջատում

открыто / закрыто

բաց / փակ

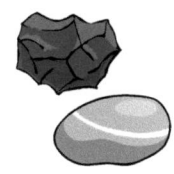

тихо / громко

ցածր / բարձր

богатый / бедный

հարուստ / աղքատ

правильный /
неправильный

ճիշտ / սխալ

шероховатый / гладкий

անհարթ / հարթ

печальный / счастливый

տխուր / ուրախ

короткий / длинный

կարճ / երկար

медленный / быстрый

դանդաղ / արագ

мокрый / сухой

թաց / չոր

тёплый / прохладный

տաք / թույն

война / мир

պատերազմ /
խաղաղությունը

цифры

թվեր

0

ноль

զրո

1

один

մեկ

2

два

երկու

3

три

երեք

4

четыре

չորս

5

пять

հինգ

6

шесть

վեց

7

семь

յոթ

8

восемь

ութ

9

девять

ինը

10

десять

տաս

11

одиннадцать

տասնմեկ

12

двенадцать

....

տասներկու

13

тринадцать

....

տասներեք

14

четырнадцать

....

տասնչորս

15

пятнадцать

....

տասնհինգ

16

шестнадцать

....

տասնվեց

17

семнадцать

....

տասնյոթ

18

восемнадцать

....

տասնութ

19

девятнадцать

....

տասնինը

20

двадцать

....

քսան

100

сто

....

հարյուր

1.000

тысяча

....

հազար

1.000.000

миллион

....

միլիոն

ЯЗЫКИ
լեզուներ

английский
անգլերեն

американский английский
ամերիկյան անգլերեն

мандаринский китайский
չինարեն մանդարին

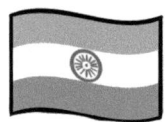

хинди
հինդի

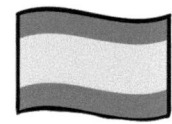

испанский
իսպաներեն

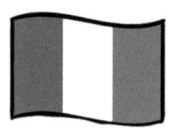

французский
ֆրանսերեն

арабский
արաբերեն

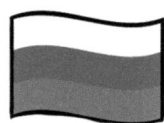

русский
ռուսերեն

португальский
պորտուգալերեն

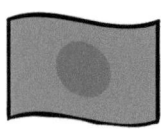

бенгальский
բենգալերեն

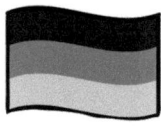

немецкий
գերմաներեն

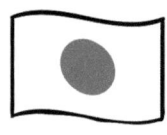

японский
ճապոներեն

кто / что / как

Ով է /, թե ինչ է /, ինչպես

я

եu

ты

դուք

он / она / оно

Նա / նա /, որ դա

мы

մենք

вы

դուք

они

նրանք

кто?

Ով է?

что?

ինչ?

как?

ինչպես?

где?

որտեղ.

когда?

երբ?

имя

անուն

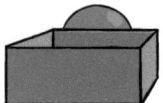

где

որտեղ

за

եtևում

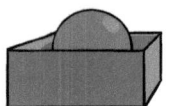

в

մեջ

перед

դիմաց

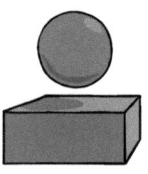

над

վրա

на

վրա

под

տակ

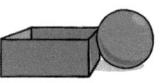

рядом

կողքին

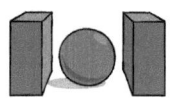

между

միջեւ

место

տեղ